Domingos Sávio Zainaghi

Vale a pena ser gentil?

Copyright© 2022 by Literare Books International
Todos os direitos desta edição são reservados à Literare Books International.

Presidente:
Mauricio Sita

Vice-presidente:
Alessandra Ksenhuck

Diretora executiva:
Julyana Rosa

Diretora de projetos:
Gleide Santos

Capa, diagramação e projeto gráfico:
Gabriel Uchima

Revisão:
Rodrigo Rainho

Relacionamento com o cliente:
Claudia Pires

Impressão:
Gráfica Paym

Dados Internacionais de Catalogação na Publicação (CIP)
(eDOC BRASIL, Belo Horizonte/MG)

Z21v   Zainaghi, Domingos Sávio.
        Vale a pena ser gentil? / Domingos Sávio Zainaghi. – 3.ed. – São Paulo, SP: Literare Books International, 2022.
        14 x 21 cm

        ISBN 978-65-5922-300-8

        1. Literatura de não-ficção. 2. Gentileza. 3. Comportamento humano. I. Título.
                                                                        CDD 177.7

Elaborado por Maurício Amormino Júnior – CRB6/2422

Literare Books International.
Rua Antônio Augusto Covello, 472 – Vila Mariana – São Paulo, SP.
CEP 01550-060
Fone: +55 (0**11) 2659-0968
site: www.literarebooks.com.br
e-mail: literare@literarebooks.com.br

*A gentileza é o jeito mais bonito
de ser sol no dia nublado de alguém.*

DEDICATÓRIA

À Patrícia Reali Zainaghi, minha esposa, querida companheira e amiga dos últimos cinco anos, com quem tento exercer diariamente a gentileza, como singela forma de reconhecimento por sua constante dedicação e amor para comigo.

APRESENTAÇÃO

Olá! Primeiramente obrigado por ter adquirido este livro ou se simplesmente alguém o emprestou para ler.

Certamente você se interessou pelo título ou apenas pela palavra gentileza.

Eu resolvi colocar no papel meu pensamento sobre a gentileza, uma virtude meio esquecida nestes tempos de redes sociais, de tanto individualismo e relações passageiras, o que faz com que as pessoas pouco se importem com o outro, ou seja, parece que vivemos sozinhos no mundo.

Cresci reparando nas atitudes das pessoas na vida em sociedade, e em razão de viver no mundo acadêmico e jurídico, pois sou advogado e professor de Direito do Trabalho, além de ter formação jornalística e ter exercido essa atividade em televisão e rádio durante alguns anos, já me relacionei com milhares de pessoas durante minha existência e recolhi material para escrever este livro que você tem em mãos. Minha intenção é passar

minhas impressões sobre a gentileza e as experiências que recolhi durante a vida e dividi-las com as pessoas, e quem sabe influenciá-las a mudar a forma de ser e tratar os outros, e, com isso, serem mais alegres e felizes, e fazer as outras também igualmente alegres e felizes.

Espero que você goste da leitura e que, ao terminar de ler este pequeno trabalho, conclua se vale a pena ou não ser gentil.

Gentilmente, desejo-lhe uma boa leitura.

O Autor
www.zainaghi.com.br
zainaghi@zainaghi.com

NOTA À SEGUNDA EDIÇÃO

    Estou muito feliz com a acolhida que este singelo trabalho teve junto ao público, pois não teve por finalidade ganhar dinheiro e nem me tornar famoso, mas sim o de ajudar na construção de um mundo melhor.

    De todos os elogios que recebi, teve um mundo muito marcante, e quero dividir com você.

No final de 2019, eu estava numa cerimônia de inauguração de um espaço no Tribunal Regional do Trabalho da Segunda Região dedicado aos advogados, e após as falas das autoridades da magistratura e da advocacia, foi servido um coquetel de congraçamento, e durante esse coquetel uma jovem advogada se aproximou e disse: "Doutor, posso falar rapidinho com o senhor?". Claro que aquiesci. Ela me disse que simplesmente queria me agradecer, pois tinha lido o meu livro sobre a gentileza, e esse livro a fez mudar muitas atitudes. E não somente ela, mas o marido também, e que o livro era a leitura de

que ambos necessitavam. Agradeci profundamente, e senti que tinha valido a pena escrever o livro, pois, para fazê-lo, deixei de escrever ou atualizar os meus outros da área jurídica.

Espero que este meu trabalho tenha sido impactante a outras pessoas, mas se o foi para o casal que mencionei, já terá valido a pena. Agora, apresento a segunda edição com dois capítulos novos, e espero que você goste e lhe seja útil.

Muito obrigado pela gentileza de adquirir e ler este meu livro, que não é um *best-seller*, mas dou-lhe minha palavra, foi escrito com muito amor.

Desejo-lhe gentilmente que você tenha uma boa leitura.

Domingos Sávio Zainaghi

NOTA À TERCEIRA EDIÇÃO

Nosso trabalho ganha sua terceira edição, e agora pela Editora Literare. O fato de trocarmos de editora não tem nada a ver com qualquer problema que pode o leitor entender que tivera ocorrido entre mim e a editora anterior.

Não, a Pontes publicou duas edições da obra, e serei eternamente grato a essa empresa pela oportunidade e por ter confiado no trabalho que desenvolvemos sobre a gentileza.

A mudança prende-se a um projeto apresentado pela Literare, que envolve outras publicações, com o que fico muito feliz e empolgado pelo novo momento.

Mas, como falo neste livro, uma forma de ser gentil é ser grato, razão pela qual consigno meus agradecimentos a ambas as editoras pela confiança na obra.

Fiz o acréscimo de alguns capítulos, e vou assim ampliando o livro e colocando nele minhas novas experiências e outras reflexões sobre a gentileza.

Os elogios e as críticas que recebi de leitores me enchem de entusiasmo para continuar levando ao público este livro, o qual contém o que penso sobre a gentileza, e principalmente o bem que ela traz a todos os que a praticam de coração aberto.

Espero que você que está com o livro agora em suas mãos possa refletir sobre o que eu escrevi aqui, e que possa torná-lo uma pessoa mais gentil e, consequentemente, mais feliz.

Estamos juntos nesta jornada.

Boa leitura!

Domingos Sávio Zainaghi,
zainaghi@zainaghi.com

SUMÁRIO

CAPÍTULO 1
GENTILEZA..15

CAPÍTULO 2
GENTILEZA E GRATIDÃO...........................19

CAPÍTULO 3
O PODER DA GENTILEZA..........................23

CAPÍTULO 4
CONSEQUÊNCIAS DA FALTA DE GENTILEZA.....................31

CAPÍTULO 5
SER GENTIL NÃO É SER TROUXA.............35

CAPÍTULO 6
SENDO GENTIL..37

CAPÍTULO 7
VALE A PENA SER SEMPRE SINCERO?......41

CAPÍTULO 8
A GENTILEZA DE COMPARTILHAR............45

CAPÍTULO 9
GENTILEZA E MACHISMO..........................49

CAPÍTULO 10
SER GENTIL COM OS ADVERSÁRIOS.......53

CAPÍTULO 11
NÃO FAZER INIMIGOS................................57

CAPÍTULO 12
SENDO GENTIL MESMO NERVOSO 61

CAPÍTULO 13
GENTILEZA NO TRÂNSITO 65

CAPÍTULO 14
SEJA UM BOM OUVINTE 67

CAPÍTULO 15
ESTAR CERTO OU SER GENTIL? 71

CAPÍTULO 16
GENTILEZA NAS RELAÇÕES FAMILIARES 75

CAPÍTULO 17
DEIXE O OUTRO BRILHAR 79

CAPÍTULO 18
EMPATIA E GENTILEZA 83

CAPÍTULO 19
GENTILEZA NO AMBIENTE DE TRABALHO 87

CAPÍTULO 20
SEJA GENTIL COM VOCÊ 91

CAPÍTULO 21
GENTILEZA NOS NEGÓCIOS 95

CAPÍTULO 22
GENTILEZA E SAÚDE 101

CAPÍTULO 23
GENTILEZA E A LEI DO RETORNO 105

CAPÍTULO 24
SIM, VALE A PENA SER GENTIL 109

CAPÍTULO I

GENTILEZA

Gentileza, segundo os dicionários, é um substantivo feminino; qualidade ou caráter de gentil; ação nobre, distinta ou amável.

Logo, gentileza é uma atitude que faz parte do caráter da pessoa.

A palavra gentileza deriva de *gentilis*, que significa pertencer à mesma família ou ao mesmo clã. Então, gentileza era como os membros de uma mesma família se tratavam, ou pelo menos era o que se esperava.

Ser gentil é ter atitudes nobres de atenção ao próximo, tratamento com carinho e respeito para com qualquer pessoa em qualquer situação.

Pode-se afirmar que a gentileza é uma virtude, entendendo esta como uma qualidade moral, um atributo positivo de uma pessoa, aquela inabalável intenção de fazer o bem ao seu semelhante, de agir corretamente.

Hoje em dia, parece que a gentileza se tornou artigo raro no trato entre as pessoas. Um mundo agitado,

nervoso e apressado tem feito com que ninguém se importe com o outro, sequer reparando na sua existência, e paradoxalmente essa indiferença é maior quanto maior for a cidade onde as pessoas vivem.

A gentileza é o ponto de partida para as demais qualidades positivas que o ser humano deve buscar possuir e desenvolver. A humildade, a honestidade, generosidade, paciência e até o perdão, todas essas virtudes passam primeiro pela gentileza.

Todos nós dependemos de atos de gentileza para viver, e isso desde o nascimento. Chegando a este mundo, dependemos da gentileza de nossos pais ou daqueles que nos cuidaram, dando-nos de comer, vestindo-nos, limpando-nos, ensinando-nos tudo sobre a vida e o mundo, como a falar, a andar etc.

E, quando nos tornamos idosos, precisamos de amparo para conseguir sobreviver.

Entre o início de nossa existência e a parte derradeira desta, necessitamos de atos de gentileza, os quais também deveremos praticar. Enfim, precisamos uns dos outros nessa jornada, e se tal dependência não for baseada na gentileza, tudo perde seu valor.

A gentileza é fonte de felicidade. É a base sobre a qual se sustenta a generosidade, ou seja, o desejo de ver o outro feliz.

Quando se tem prazer em ver o outro feliz, nos tornamos felizes também. Agora, quando alguém age com hostilidade e grosseria, inferniza a vida do outro e a própria.

A gentileza cria uma atmosfera de paz, de acolhimento, permitindo uma comunicação entre as pessoas mais fácil.

Antes de se iniciar uma conversa, um bom dia dado com um sorriso é diferente desse mesmo cumprimento feito com feição fechada, ou como se diz popularmente, com "cara amarrada". A gentileza abre uma comunicação mais eficaz entre as pessoas. O coração aberto, sem medos ou inseguranças ao nos dirigirmos a alguém, facilita a comunicação.

Durante o dia, nos encontramos com muitas pessoas, sendo que alguns profissionais se deparam com dezenas ou até centenas de pessoas. Um comissário de bordo, um motorista de ônibus, um vendedor numa loja de shopping são exemplos de pessoas que se deparam com muita gente durante um simples dia de trabalho.

Ademais, existem estudos que comprovam que a gentileza melhora a saúde psicológica das pessoas.

CAPÍTULO 2
GENTILEZA E GRATIDÃO

A gratidão é o reflexo imediato da gentileza. Sempre que alguém é gentil, recebe em troca alguma atitude de gratidão. Às vezes um simples obrigado, um singelo sorriso ou um agradecimento mais efusivo.

Ser grato também é uma virtude, mas aqui o que desejo é mostrar o quanto compensa ser gentil. A gratidão traz uma espécie de dívida emotiva. Quem agradece o faz com a intenção de retribuir um benefício que recebeu, e no caso da gentileza, retribui-se com o já citado obrigado, ou o sorriso verdadeiro ou até com outro ato de gentileza.

Eu tenho o hábito de dar passagem para que as pessoas que estão comigo esperando a chegada do elevador entrem primeiro nesse elevador. Muitas vezes uma dessas pessoas, com o intuito de retribuir, pergunta-me a qual andar me dirigirei para que aperte o botão correspondente. E assim também procedo quando me dão a prioridade de entrada num elevador.

Ademais, ser grato a alguém que lhe foi gentil faz com que esta pessoa se sinta na obrigação de fazer o mesmo, se não com quem lhe fez uma gentileza, mas com outra pessoa numa situação seguinte.

Ser gentil com as pessoas faz nascer uma dívida com quem tem a prática da gentileza algo constante e natural.

Nunca saberemos como e em que situações encontraremos as pessoas durante a vida.

Essa história que li há algum tempo ilustra bem o que quero dizer:

"Conta-se uma história que um empregado de um frigorífico da Noruega, certo dia, ao término do trabalho, foi inspecionar a câmara frigorífica. Inexplicavelmente, a porta se fechou e ele ficou preso dentro da câmara. Bateu na porta com força, gritou por socorro, mas ninguém o ouviu, já que todos já haviam voltado para suas casas e era impossível que alguém pudesse escutá-lo. Ele estava há quase cinco horas preso, debilitado, com a temperatura insuportável. De repente, a porta se abriu e o vigia entrou na câmara e o resgatou com vida. Depois de salvar a vida do homem, perguntaram ao vigia por que ele foi abrir a porta da câmara se isso não fazia parte da sua rotina de trabalho...

Ele explicou:

— Trabalho nesta empresa há 35 anos, centenas de empregados entram e saem por aqui todos os dias e ele é o único que me cumprimenta ao chegar pela manhã e se despede de mim ao sair. Hoje pela manhã disse 'bom-dia' quando chegou. Entretanto, não se despediu de mim na hora da saída. Imaginei que poderia ter lhe acontecido algo. 'Por isso, o procurei e o encontrei...'".

É isso. Não fora a gentileza, o vigia não teria se lembrado do homem que ficou preso na câmara fria.

Mas existem exemplos ao contrário. Certa feita eu estava no Aeroporto de Bariloche aguardando numa fila muito desorganizada para adentrar na sala de embarque. Um sujeito decidiu que iria "furar" a fila, com o que fui obrigado a repreendê-lo, pedindo que não o fizesse, pois estávamos todos respeitando a ordem de chegada. Ele me disse um palavrão, e afirmou que furaria a fila. Não tive o que fazer. Pois bem. Uns meses depois eu estava no Estádio do Pacaembu, em São Paulo, e encontrei um amigo desembargador que cuidava do Juizado do Torcedor, órgão que trata dos problemas jurídicos que surgem durante uma partida de futebol envolvendo torcedores.

Esse meu amigo foi me apresentar o promotor de justiça que estaria trabalhando naquele dia. Isso mesmo. Era o tal mal-educado de Bariloche.

Eu o reconheci e ele a mim, só que o mal-estar ficou para ele, que não conseguia me encarar.

CAPÍTULO 3

O PODER DA GENTILEZA

O primeiro poder que a gentileza carrega é o de trazer bem-estar para quem a pratica. A sensação de alegria que a prática da gentileza causa não é apenas psicológica, mas química também. Estudos demonstram que a sensação de paz e alegria deve-se à liberação de dopamina pelo cérebro, o neurotransmissor que proporciona bem-estar, e isso tanto a quem pratica um ato de gentileza quanto para quem a recebe, pois nos dois causa alegria.

Sempre que alguém cumprimenta um desconhecido no elevador ou no metrô, que dá passagem a outro motorista, ou ri de uma piada que um amigo lhe conta, a pessoa tem a sensação de satisfação.

Outro ponto importante é o que foi visto no capítulo anterior, a retribuição da gentileza.

Darei outro exemplo pessoal. Certa feita eu estava numa fila de *check-in* num aeroporto, quando uma senhora na minha frente passou a agredir verbalmente o atendente da companhia aérea, pois algo não estava saindo conforme sua vontade. O rapaz estava visivelmente constrangido e nervoso, pois tentava explicar que não poderia atender ao pedido daquela senhora, que insistentemente o ofendia. Como sou professor de Direito do Trabalho, e enxergo o trabalho como algo sagrado, intervi, dizendo que a senhora deveria se acalmar e respeitar alguém que estava trabalhando. A mulher grosseiramente me disse que não estava falando comigo, mas retruquei que eu estava falando com ela. Em seguida, eu disse ao atendente que ficasse com o meu cartão, e se aquela senhora fizesse alguma reclamação que colocasse em risco seu emprego, que ele me ligasse que eu seria sua testemunha.

Fiz o *check-in*, e me dirigi à sala de embarque. Estava eu sentadinho no meu canto, quando o rapaz do *check-in* vem até mim e pede minha passagem. Eu lhe dei a passagem, pensando que tinha algo de errado. Ele trocou de bilhete e me deu outro assento. Na classe executiva! Disse-me que existiam poltronas livres e que eu poderia viajar ali, até porque era um voo curto e o serviço de bordo seria o mesmo, e que aquele gesto era só uma forma de agradecimento pela minha atitude minutos antes. Então vale a pena ser gentil esperando recompensas? Não é isso, mas estas podem ocorrer sem que você as espere, pois a maior recompensa é o simples fato de ser gentil.

Minha história anterior demonstra que devemos fazer o certo independentemente da pessoa com a qual estamos lidando. Ser gentil com o chefe, com o professor, com o policial mais parece um ato de inteligência, mas no fundo estamos potencialmente abertos a receber uma recompensa. O chefe pode nos dar um aumento de salário, o professor ser mais condescendente na avaliação da prova e o policial nos livrar da multa porque estacionamos em local proibido.

Será que estamos tão dispostos a tratar bem o humilde faxineiro da empresa, o porteiro ou o zelador?

A gentileza deve ser um hábito, e praticada em relação a qualquer ser humano, independentemente de sua posição social.

Participo de muitos congressos como palestrante, e adquiri o hábito de fazer além dos agradecimentos às autoridades que compõem a mesa dos eventos, aos trabalhadores que exercem suas funções nos bastidores, como às recepcionistas, aos seguranças, à "tia" do cafezinho e da água. Percebo a alegria desses profissionais por terem sido lembrados. E quando não faço isso publicamente, procuro me despedir de todos agradecendo pela ajuda.

Isso mesmo. Temos de ser gentis com todas as pessoas com as quais nos deparamos todos os dias. Um erro muito comum nas pessoas é pensar que devemos ser gentis apenas com nossos superiores ou pessoas próximas a nós, como parentes e amigos. Já me deparei com cenas muito tristes. Certa feita estava na recepção de uma empresa esperando ser atendido para uma reunião, quando chega um senhor de uns cinquenta anos, se identifica e avisa à recepcionista que estava ali para uma reunião com um diretor da empresa. Ele sequer olhou para o rosto da recepcionista, falava de lado. Após sentar-se (longe de mim), foi recepcionado pela secretária do diretor. Esta ele cumprimentou, mas de forma fria.

Coincidentemente, minha reunião e a dessa pessoa terminaram no mesmo momento, e vi como ele se despediu sorridente e efusivamente do diretor da empresa. Chegamos os dois à recepção e eu me despedi da recepcionista, dando-lhe a mão. O tal sujeito sequer disse um tchau à jovem que nos atendeu.

Na mente dessa pessoa, ele só deveria dar atenção às pessoas poderosas, pois estas podem lhe trazer benefícios. É o tal negócio, não sabe o dia de amanhã, pois quem pode garantir que essa recepcionista não se tornará uma advogada ou gerente da empresa? E se ela for amiga ou parente do diretor da empresa e falar como foi tratada? Logo, a gentileza deve sempre ser praticada. E se for um hábito, ninguém ficará à mercê das circunstâncias.

Vamos a mais um exemplo pessoal. Em 1993, chegava ao Brasil um carro da FIAT, que era produzido na Itália, o TIPO. O Brasil começava a importar veículos estrangeiros, e eu, como sempre gostei de carros, comprei um automóvel desses tão logo chegaram ao Brasil. Um dia, voltando de uma aula numa faculdade, parei num posto de combustíveis, e após abastecer, o frentista ofereceu-me uma ducha grátis no veículo, o que de pronto aceitei. Ocorre que, antes de mim, tinha um senhor com uma Kombi, não muito nova, que também passaria pela ducha. O frentista sugeriu que meu carro fosse lavado antes da Kombi, e eu não aceitei, dizendo que o senhor estava ali antes de mim. Iniciei uma conversa com o proprietário da Kombi, e contei-lhe que aprendi a dirigir num modelo daquele, pois meu pai era comerciante e me ensinou a conduzir veículos numa Kombi. Papo vai, papo vem, falo que sou advogado e professor, e o dono da Kombi me diz que era promotor de justiça e professor.

Bom, o tempo passa, e no ano seguinte sou contratado por uma faculdade para dar aulas, e pasme, a mesma onde o dono da Kombi lecionava. Encontrei-o e rememorei nosso encontro de meses antes. Alguns anos depois, ele se tornou o coordenador do curso de Direito, e, consequentemente, meu chefe. E mais, fui professor de sua filha no curso de mestrado da mesma universidade. Imagine, querido leitor, se eu não tivesse sido humilde e tomado a atitude correta na situação do posto de combustíveis...

A gentileza praticada por mim, que na verdade foi mais uma obrigação, fez com que meu relacionamento com esse colega fosse sempre o mais cordial possível, pois ele sabia da minha forma de agir na vida. Tratar bem as pessoas, sem nos importar com o que elas são ou poderão nos trazer de bom no futuro é imprescindível.

A gentileza abre portas, se não no momento, no futuro. Ser gentil nos proporciona alegria; dá alegria a quem tratamos com delicadeza, e esse é o maior poder, o de tornar nossa vida e das pessoas com as quais convivemos ou nos encontramos durante o dia mais alegre e mais leve.

Um exemplo recente da minha vida. Em dezembro de 2021, fui a Lima, no Peru, país onde tenho grandes amigos e, inclusive, uma afilhada. Gosto muito do Hotel Sheraton, e procuro ficar ali hospedado sempre que posso.

Vou a Lima, no Peru, desde 1987, e de 2004 até 2019 fui todos os anos, em virtude principalmente do aniversário de uma afilhada que ali reside, mas em razão da pandemia, não pude ir em 2020 e em agosto de 2021, mês de seu aniversário, também não pude por conta das restrições impostas aos estrangeiros naquele país, fui apenas para ver minha afilhada e lhe dar um presente de Natal, ou seja, no mês de dezembro de 2021. Cheguei ao Hotel Sheraton muito feliz, pois a saudade era grande do país, dos amigos e da Rhannya (minha afilhada). Passei durante o *check-in* a elogiar o hotel, que eu tinha grandes recordações daquele local, onde me hospedo desde 1999. A atendente ficou tão feliz com meus elogios que ofereceu a mim e à minha esposa um *upgrade* de quarto: a bem da verdade, nos colocou numa suíte com hidromassagem e outros itens de conforto. Eu não busquei isso, mas minha atitude gentil mais uma vez me trouxe um benefício. E que benefício!!!

CAPÍTULO 4

CONSEQUÊNCIAS DA FALTA DE GENTILEZA

Todos já tivemos e teremos um dia ruim. Isso é fato, mas dias ruins são exceção, por isso devemos cultivar o hábito de sermos gentis.

Quando você se mostra uma pessoa distante com alguém, há uma reação negativa dessa pessoa, até de forma inconsciente. Uma vez eu estava num jantar de posse de ministros do Tribunal Superior do Trabalho, e durante o coquetel, me encontrava numa roda de colegas juízes e advogados, quando chega um senhor que era conhecido dos demais membros dessa roda, menos de mim, e ele cumprimentou todos de maneira entusiasta, e quando fui apresentado a ele, o mesmo me estendeu a mão, mas continuou olhando e conversando com outra pessoa. Bom, fiquei ali quieto ouvindo a conversa. Ocorre que acabamos ocupando a mesma mesa no jantar, e ele nada de conversar comigo. Lá pelas tantas, alguém disse a ele: "Você já leu o livro do Domingos Zainaghi sobre atletas de futebol?". Nesse momento, que pelas circunstâncias ele já sabia quem eu era, passou a me dar maior atenção, mas eu não tinha o mínimo ânimo de conversar com alegria com o cidadão.

O que quero dizer é que uma impressão negativa formada dificilmente será alterada. É como se diz: "Você nunca terá uma segunda chance de causar uma boa primeira impressão".

Imagine se na fila do embarque no aeroporto você maltrata alguém, e acabam sentando juntos na mesma fileira e terão de ficar várias horas próximos. Que situação constrangedora.

Tratar mal um garçom pode lhe render uma situação desagradável, como esse garçom não lhe atender bem, não arrumar uma mesa melhor, ou até mesmo uma agressão. Tive um aluno que gritou com um garçom num restaurante, causando-lhe humilhação. Esse garçom, quando meu aluno voltava de uma ida ao banheiro, desferiu-lhe uma facada, e ele faleceu meses depois em razão de complicações dessa agressão.

Uma vez, também, uma juíza me contou que pegou um táxi para um trajeto curto, e o taxista negou fazer a corrida em razão desse pequeno trajeto. Ela, no lugar de ser gentil, e pedir-lhe, por favor, para ajudá-la, pois estava atrasada para pegar um avião para o Rio de Janeiro, gritou com o rapaz e disse que era juíza e ele era obrigado a servi-la. O taxista desceu, dirigiu-se à porta traseira de seu veículo e literalmente arrancou a magistrada do carro, dizendo: "A senhora pode mandar lá no fórum, mas no meu carro mando eu".

Conclusão, a falta de gentileza pode causar muitos danos, não só esses drásticos que acabei de narrar, mas também à imagem.

Se você foi ríspido e grosseiro com alguém, isso poderá causar danos irreparáveis, como deixar de ser convidado para um evento profissional, ou para uma festa de amigos ou colegas da empresa. E mesmo que ninguém tenha presenciado tais atitudes grosseiras, você sabe que elas aconteceram, e isso ficará na sua mente, e sendo você uma pessoa boa, sua consciência irá cobrá-lo. E talvez nunca tenha como consertar essas atitudes.

CAPÍTULO 5

SER GENTIL NÃO É SER TROUXA

Desculpe pelo título um tanto quanto grosseiro, mas você entenderá o que quero dizer com o "não ser trouxa".

No sentido aqui utilizado, trouxa é um termo pejorativo informal usado para qualificar uma pessoa que é facilmente enganada.

Alguns livros que tratam da gentileza chegam a afirmar que ser gentil não gera respeito, que as pessoas gentis são ingênuas.

Ser gentil não necessita que a pessoa viva sorrindo o tempo todo, ou que devolva uma grosseria sempre com uma gentileza.

Tenho um entendimento diferente desses autores que afirmam que ser gentil não gera respeito. Para mim é o contrário. Uma pessoa gentil terá mais facilmente atendido um pedido, um desejo ou uma solicitação. Vários são os casos de policiais que até deixam de aplicar uma multa porque o infrator foi gentil e humilde ao ser repreendido pelo agente de trânsito. Lembro-me que, quando eu tinha 24 anos, eu queria entrar no vestiário de um estádio de futebol para falar com o jogador Sócrates, quando ele jogava no Corinthians. O segurança que estava na porta do vestiário era enorme e não deixava ninguém sequer se aproximar da entrada. As pessoas o xingavam e o insultavam. Eu ouvi alguém chamá-lo pelo nome, César. Aguardei um tempo, e falei: "César, tudo bem, meu amigo? Eu precisaria dar uma palavrinha bem rápida com o Magrão (apelido do Sócrates)". Nem preciso falar que ele me colocou para dentro do vestiário.

Voltando ao "não ser trouxa", uma vez escutei numa homilia, em uma missa, um padre que disse que ninguém deveria ser bonzinho, mas sim bom, que nem mesmo Jesus fora bonzinho, mas um Ser Bom. É isso, ser gentil não é ser trouxa, bonzinho, é tratar bem a todos à nossa volta, como gostaríamos de ser tratados. Mas se percebermos que estamos sendo usados ou nossa gentileza confundida com ingenuidade, devemos colocar um freio nessa atitude.

Seja gentil, não trouxa!

CAPÍTULO 6

SENDO GENTIL

Várias são as formas de você praticar a gentileza no seu dia a dia.

Estamos sempre tão preocupados com nossas atividades e, por consequência, com nós mesmos, que acabamos nos esquecendo dos outros.

Poderíamos fazer uma comparação com uma peça teatral ou mesmo um filme, pois sempre pensamos em ser o ator ou a atriz principal, e o outro, o coadjuvante. Logo, todos somos atores principais de nossa vida e ao mesmo tempo coadjuvantes nas vidas dos outros.

Entendo que devemos ser os melhores coadjuvantes nas vidas das outras pessoas, e uma das formas para isso é praticar a gentileza.

Você pode estar pensando que a gentileza deve ser praticada com as pessoas que aleatoriamente encontramos durante o dia, mas quero alertá-lo de que ser gentil começa com aqueles próximos a nós. Ser um filho, um pai, uma mãe, um marido, uma esposa e um amigo gentil. Sabe aquela coisa de ser gentil na rua e em casa um grosso? Pois é. É disso que estou falando. Gentileza começa em casa. Proponho que você pare um pouco a leitura e examine suas atitudes. Pergunte-se se está sendo gentil com aqueles que ama.

Outra coisa muito importante na prática da gentileza é buscar se espelhar nas pessoas que admiramos por serem gentis. Um professor, um chefe, aquele vizinho que nos cumprimenta sempre com um sorriso e que nos dá passagem na hora de sair do elevador, o avô e avó carinhosos, que nos recebem em sua casa com abraços afetuosos e até com aquele delicioso bolinho de chuva com café. Essas pessoas devem ser nossos paradigmas, e não as grosseiras e mal-educadas, com quem também infelizmente temos de conviver.

Eu adoro dar passagens para as pessoas no trânsito, sejam os motoristas ou os pedestres. Também gosto de dar passagem para as pessoas entrarem ou saírem do elevador, ou de oferecer um banco ou cadeira num consultório, hospital e no Fórum, já que sou advogado e vou muito a esse local.

Abrir a porta do carro a cada mulher ou idoso, para embarcar ou sair dos veículos.

Dar atenção a uma criança que está com os pais, e elogiá-la a eles (quando realmente merecem).

Prestar atenção quando alguém está lhe contando algo, sem interromper a narrativa. Muitas pessoas cortam a fala de um interlocutor para falar de seus assuntos, muitas vezes sobre o mesmo tema que estão falando com elas. Um exemplo disso é alguém falando do sermão do padre de sua igreja na missa do domingo, e o interlocutor interromper a narrativa e começar a falar da pregação do pastor da sua igreja, ou vice-versa, pois temos muita disposição para falarmos de nossa religião, mas nenhuma paciência pra ouvir sobre a das outras pessoas.

Outra atitude que muito incomoda os outros, e que as pessoas não percebem como lhes faz mal também, é reclamar de tudo. Ninguém gosta de pessoas que só reclamam ou fazem críticas. Para elas nada está bom. Quem nunca ouviu dizer – ou até mesmo presenciou, ou até foi vítima do comentário do pai ou da mãe, ou pior, de ambos – de quando o filho todo feliz apresenta sua prova com avaliação máxima e recebe como resposta: "Não fez mais do que obrigação, pois só estuda". Que desestímulo! Meus pais eram intelectualmente humildes, mas jamais fizeram isso. Lembro-me de quando eu ganhava uma medalha em razão de uma atividade esportiva na escola, eu corria para casa para lhes mostrar e eles ficavam felizes e me felicitavam. Isso fazia com que me empenhasse mais para ganhar outras medalhas.

Enfim, muitas são as atitudes que você pode adotar no dia a dia que o tornarão uma pessoa gentil. Creia, isso só lhe fará bem, pois se tem um dito popular que é certo, é aquele que afirma que "gentileza gera gentileza".

CAPÍTULO 7

VALE A PENA SER SEMPRE SINCERO?

Eis uma pergunta difícil de enfrentar, pois aprendemos desde crianças que não devemos mentir ser sinceros e verdadeiros sempre.

Será?

O grande Ariano Suassuna dizia que não devemos jamais falar mal das pessoas em sua presença, pois isso causa constrangimento, e que deveríamos fazer isso sempre pelas costas. Quem acompanhou a carreira desse gênio sabe que ele tinha um bom humor admirável, e que adorava ver as pessoas rindo de seus causos. Ele não estava dizendo para sermos falsos, mas que deveríamos ser gentis, pois falar mal de alguém, ou tecer uma crítica ácida diante de uma plateia, ou mesmo perante um pequeno grupo ou até mesmo na presença de uma só pessoa, faria de nós pessoas grosseiras, e longe de ser gentis.

Sabe aquela pergunta que as mulheres fazem aos maridos quando voltam do cabeleireiro: "O corte ficou bom?". Pois é, atreva-se a dizer que não! Logo, é melhor afirmar que ficou bom, que gostou, salvo se realmente ficou uma coisa horrorosa, o que, convenhamos, é difícil de acontecer.

Não estou aconselhando ninguém a se tornar um mentiroso, mas apenas pense: se for sincero, trará algum benefício à pessoa à qual você dirá algo com tanta sinceridade? Poderá magoá-la e fazer de você uma pessoa indelicada, ou seja, longe de ser gentil.

Veja, somos convidados para jantar na casa de um parente ou amigo, e a comida está um pouco salgada. Temos de reclamar disso? Tome mais água ou mais uma cerveja e não comente isso, ainda que lhe seja perguntado, pois quem pergunta sabe que está salgada a comida, mas quando pergunta não quer ouvir sua concordância com a afirmação.

Por essa razão, os pais devem tomar cautela quando ensinam os filhos a não mentir. Devem explicar que às vezes não se deve falar a verdade, sem que com isso não estejamos sendo mentirosos no sentido final da expressão.

Meus pais logicamente me ensinaram a jamais mentir. Quando eu tinha mais ou menos 7, 8 anos de idade, minha mãe despediu uma empregada, pois descobriu que ela estava praticando pequenos furtos em nossa casa. Em vez de levar o caso à polícia ou despedir por justa causa a doméstica, minha mãe deu uma desculpa qualquer e a despediu pagando-lhe todos os seus direitos. Um belo dia estava eu com minha mãe no banco, quando uma vizinha lhe pergunta o porquê de ter despedido a empregada. Minha mãe afirmou que era por questões financeiras, que não estava dando para pagar os salários da moça. Adivinhe o que eu fiz? Meti-me na conversa e disse: "É nada, a fulana estava roubando!". Minha mãe quase desmaia. Chegando em casa, ela me deu uma bronca daquelas, e eu retruquei: "Ué, mas você sempre disse para não mentir". Entendeu o que quero dizer? Temos às vezes de mentir.

Quantas vezes temos de mentir para um ente querido que esteja com uma doença grave que o médico nos contou.

No trato diário com as pessoas também. Temos de avaliar se vale realmente a pena dizer uma verdade.

Pergunte-se se na mesma situação gostaria que fossem sinceros com você.

E se tiver de ser sincero, faça-o de forma gentil.

Como professor, participo de bancas de exames de teses de doutorado e mestrado. Existem trabalhos com falhas e até erros muito fortes, mas jamais usei a palavra crítica, e se tenho de fazer observações, o faço com delicadeza, sem desmerecer o trabalho, mas sim com o intuito de ajudar. Nunca disse "seu trabalho é ruim ou uma porcaria", como já presenciei examinadores fazendo.

CAPÍTULO 8

A GENTILEZA DE COMPARTILHAR

Dividir algo com as pessoas é um gesto de gentileza, de não egoísmo, e também de humildade. Jesus na última ceia compartilhou o pão e o vinho com seus apóstolos, demonstrando com sua humildade a importância do dividir.

Se Ele, filho de Deus, teve essa atitude de generosidade e humildade, por que temos tanta dificuldade de compartilhar?

E aqui não estou falando apenas de dividir bens materiais, o que pode até ser algo fácil, mas quero abordar o compartilhar das coisas incorpóreas.

Já vi muitos casos onde um chefe pede um trabalho para seu subordinado, e o entrega para a diretoria da empresa, e sendo aprovado o trabalho, esse chefe recebe os parabéns dos diretores e nada fala sobre o trabalho ter sido elaborado por seu subordinado, e nem sequer agradece e felicita esse subordinado.

A pessoa que age como disse anteriormente é de uma desonestidade e egoísmo muito grandes, e realmente nada gentil. Nunca se esqueça de que o mundo dá voltas, e imagine se o subordinado do exemplo venha a ocupar um cargo melhor que o do chefe na empresa, ou até mesmo noutra, e o tal chefe egoísta depender de uma promoção ou admissão por parte daquele que um dia foi "sacaneado" por ele? Por isso, reconhecer o valor dos outros é uma admirável forma de ser gentil. Você atrairá o carinho das pessoas, que verão em você alguém honesto e não oportunista.

Uma vez agradeci ao *maître* de um restaurante pela atenção que eu tinha recebido durante um jantar. Ele me pediu um momentinho antes de me retirar, e foi chamar o garçom que me havia atendido durante o jantar, dizendo: "Esta é a pessoa que merece seus elogios". Pense, querido leitor, quando esse *maître* precisar de uma ajuda desse garçom, ele não terá dificuldades em obtê-la.

Por isso, sempre reconheça aquele que realmente fez o trabalho ou teve a ideia, e sempre gostei de uma frase de Abraham Lincoln, que questionado se não ficava irritado com tantas pessoas que lhe pediam autógrafos, respondeu que "os homens suportam muita coisa quando são lisonjeados".

Uma vez eu jantava num restaurante no Rio de Janeiro com um famoso jogador de futebol. A todo instante éramos interrompidos por pessoas que queriam tirar fotos ou pedir autógrafos, ou até as duas coisas. Esse jogador me disse que isso o incomodava. Fui obrigado a abrir-lhe os olhos, dizendo que era graças àquelas pessoas que ele ganhava seu dinheiro, pois eram seus fãs. E lhe perguntei se ele havia trabalhado em outra atividade antes de se tornar jogador de futebol, e me contou que lavava carros. Eu em seguida questionei se alguém lhe pedia para tirar fotos, e lógico que ele disse que não. E, sendo mais chato, perguntei se ele gostaria de voltar ao anonimato de antes, e claro que ele respondeu negativamente.

Num universo bem menor, passo pelo mesmo quando após uma palestra as pessoas vêm me pedir para tirar fotos ou dar uma dedicatória num livro de minha autoria. Às vezes quero sair rápido, ou ir ao banheiro ou tomar um simples café, mas dou a atenção merecida, pois essas pessoas simpatizam comigo e principalmente com meu trabalho e minhas ideias. Imaginem se eu disser não, toda a admiração que têm por mim desaparecerá, e logicamente falarão muito mal e sequer comprarão meus livros ou assistirão às minhas palestras. E tem mais. Eu adoro ser lisonjeado, como disse Lincoln.

Logo, dividir as vitórias não só com quem nos ajudou, mas também com quem nos admira, é um ato de gentileza, que demonstrará sua humildade e reconhecimento.

CAPÍTULO 9
GENTILEZA E MACHISMO

Este é um tema bem delicado. Se você colocar no Google os termos gentileza e machismo ou cavalheirismo e machismo, irá se surpreender, pois dificilmente encontrará alguém defendendo que cavalheirismo não é machismo.

Primeiramente, machismo é ato de submissão da mulher ao homem; atitude de rebaixamento da mulher. Logo, é algo realmente reprovável!

Agora, tratar uma mulher com deferências não é um ato machista ou de querer rebaixar uma mulher. A verdade é que querem criar um problema filosófico e comportamental onde não existe. Conheço muitas mulheres independentes, inteligentes e grandes profissionais que adoram que os homens lhes deem passagem, que lhes abram a porta do carro, que lhes enviem flores etc.

No etc., excluo o pagar a conta de um restaurante ou de um bar, pois aqui as regras são outras, vale o "quem convidou" e qual o relacionamento entre as pessoas. Se o homem liga para uma amiga e a convida para irem a um restaurante, creio que esse homem é quem deve pagar a conta, mas se o convite partiu da mulher, a iniciativa de pagar pode ser dela, o homem pode se oferecer para pagar metade, cabendo à mulher aceitar ou não essa proposta.

Se existe por parte do homem um interesse afetivo na mulher, não me parece nenhum ato de machismo querer pagar a conta, até porque deve ter sido ele quem a convidou.

Carregar uma bolsa pesada que uma mulher esteja carregando não faz presumir que essa mulher é fraca, mas convenhamos, a mulher é sim mais fraca fisicamente, em termos de força, que os homens, tanto que a legislação trabalhista determina limites de peso no trabalho diferentes, sendo que homens podem carregar mais peso que as mulheres.

Tem gente que é tão radical, para dizer o mínimo, que afirma que o ato de abrir a porta de um carro para uma mulher é dizer com esse gesto que a mulher é incompetente para abrir uma simples porta de um automóvel.

Segundo os dicionários, cavalheirismo é a ação, característica, atributo ou comportamento de cavalheiro; qualidade de quem demonstra gentileza, cortesia ou civilidade...

Logo, cavalheirismo é sinônimo de gentileza quando atribuída aos homens. Veja, não se afirma que é a gentileza dos homens praticada só para com as mulheres. Assim, cavalheirismo é um atributo dos homens gentis em suas atitudes com todas as pessoas.

Concordo com aqueles que afirmam que não pode ser taxado como cavalheiro aquele homem que só é gentil com as mulheres. Esse homem recebe um adjetivo de uma atitude gentil; aquele que é gentil em todas as circunstâncias é possuidor do substantivo "gentil", pois isso faz parte de sua essência.

Afirma-se que os homens somente são cavalheiros com mulheres bonitas. Ora, isso é de uma pequenez tremenda, tanto de quem o afirma, como de quem assim age. Aqui, para quem afirma isso, estamos diante de alguém que não pode ser tomado como exemplo, pois esse sim é um bobo, que vê nas mulheres um objeto, mas não nos esqueçamos de que Vinicius de Moraes um dia afirmou: "As feias que me desculpem, mas beleza é fundamental".

A frase do poeta talvez demonstre uma visão de outra época, e é algo muito difícil de analisar, pois o que seria beleza? Seria só um atributo físico? Ou temos de incluir nessa análise a inteligência, a sensibilidade, e até mesmo a gentileza?

No jogo do amor e da conquista, vale muito a pena ser gentil, seja o interesse ter partido da mulher ou do homem. Um telefonema carinhoso, um envio de flores, bombons, um telegrama e até uma serenata (que voltou a ser bem-

-vista) fazem a diferença num mundo tão materializado e principalmente de conquistas apenas com intuitos sexuais.

Sinceramente, não acho que abrir a porta de um carro para uma mulher a inferiorize, mas sim é uma atitude de gentileza. Agora, essas atitudes devem ser praticadas com todas as mulheres, pois de nada vale assim agir com uma amiga ou namorada e não o fazer com a mãe ou com a irmã, ou até com a avó ou pessoas mais velhas.

O cavalheiro assim age com qualquer pessoa, pois é da sua substância; o que só o faz com as mulheres não o taxaria de machista, mas sim de interesseiro, no sentido de que quer se mostrar para uma mulher como gentil ou porque tem interesse pessoal nessa mulher ou quer demonstrar algo que não é.

Hoje as mulheres são independentes, e não se sentem rebaixadas por terem a porta do carro aberta por um homem ou uma bolsa pesada por esse homem carregada. Ser gentil com as mulheres é algo que diferencia um homem, sim, mas esse homem deve pautar sua vida por ser gentil com todas as pessoas, pois aqueles que afirmam que o cavalheirismo é machismo não falam nada sobre um homem que é gentil com todas as pessoas, menos com as mulheres.

É que existem homens gentis com todas as pessoas menos com as mulheres. Quis dizer que quem critica um homem que é gentil com as mulheres, nada diz quando este homem é gentil com todos, menos com as mulheres.

CAPÍTULO 10

SER GENTIL COM OS ADVERSÁRIOS

Isso é algo realmente difícil, mas necessário. Primeiro porque alguém que pauta sua vida por ser gentil não deverá se rebaixar e ser grosseiro com quem age dessa maneira. Em segundo lugar, você pode ter de se aliar a esse adversário no futuro, ou precisar dele em alguma outra situação.

Sou advogado, e muitas vezes os ânimos se exaltam durante uma audiência, e já passei por situações de grosserias perpetradas por um advogado da outra parte ou por um juiz. Jamais retruquei no mesmo nível, quando muito respondendo de forma firme, mas sem devolver da mesma forma grosseira com que fui tratado, e tudo em razão dos dois motivos anteriores. Não é de minha formação ser grosseiro, e penso que posso precisar do advogado ou do juiz num futuro.

Aqui vão dois exemplos.

Uma vez um advogado foi extremamente mal-educado comigo diante de todos numa audiência, sendo que eu simplesmente lhe disse que ele estava nervoso e que num outro dia conversaríamos. Uns meses depois, um cliente meu que tinha feito um acordo deixou de pagar uma parcela desse acordo na data aprazada, e em razão disso ele teria uma multa sobre o valor remanescente do acordo, além do que todas as demais parcelas teriam vencimento imediato. Ele me narra isso, dizendo que não pagou na data por total falta de recursos financeiros no dia do vencimento da parcela. Eu, então, disse que iria tentar falar com o advogado da outra parte para tentar convencê-lo a aceitar o pagamento intempestivamente e não cobrar a multa, dando continuidade aos demais pagamentos. Bom, você já deve ter adivinhado, o advogado da outra parte era o da audiência que tinha sido grosseiro comigo. Telefonei ao colega, expliquei a situação e ele aceitou receber sem que meu cliente tivesse de pagar a multa.

Se eu tivesse discutido com ele naquela audiência, o clima seria horrível, só que como foi unilateral a grosseria, não resultou em maiores problemas.

A segunda situação foi com um juiz que, após ver uma anotação manuscrita que fiz numa petição, disse na frente de todos que minha letra era horrorosa. Bem, ele tinha razão, mas não tinha o direito de ser grosseiro daquele jeito. Simplesmente dei de ouvidos, não disse nada. O tempo passou, tornei-me um autor conhecido, e num evento envolvendo juízes e professores, esse juiz veio me pedir uma dedicatória num livro de minha autoria. Imaginem se eu tivesse aberto um bate-boca com ele anos antes. O interessante é que na dedicatória minha letra continuava feia, e ele nem ligou, e ficou feliz com o que escrevi. E tem mais. Meu nome foi proposto no tribunal ao qual pertence esse juiz para eu receber a Comenda do Mérito Judiciário, e fui aprovado e esse juiz votou pela aprovação de meu nome.

Nos dois casos, meu silêncio foi o ato de gentileza que fez toda a diferença em situações futuras.

CAPÍTULO II
NÃO FAZER INIMIGOS

Existe muita diferença entre ser adversário e ser inimigo, por isso, este capítulo nada tem que a ver com o anterior.

Sempre existirão pessoas que não gostam de nós. É como se afirma "se nem Jesus agradou a todos, imaginemos nós, simples mortais".

A antipatia nasce muitas vezes do nada, o chamado "não fui com a cara dessa pessoa" ou "o santo não bateu". Isso não quer dizer que quem não nutre simpatia por nós no início será nosso inimigo, mas dependendo de como agimos, isso tem grandes chances de ocorrer.

A política é um espetacular motivo para se criar inimigos. Quando alguém que é fanático por um partido, candidato ou uma ideologia, basta não comungar dessas preferências para que você arrume um inimigo.

Novamente três fatos ocorridos comigo.

Em 1986, o país, recém-voltado à democracia, tinha uma eleição para diversos cargos de uma só vez:

governadores, senadores, deputados federais e estaduais. Eu me dediquei à campanha de um candidato a deputado estadual em São Paulo, e ao candidato a governador do mesmo partido. Ocorre que eu trabalhava numa empresa como advogado, e o dono dessa empresa fazia campanha para outro candidato a governador. Ele nutria imensa simpatia por mim. Só que na véspera do dia da votação, ele me perguntou se eu iria votar em seu candidato, ao que eu respondi que não, que votaria naquele do meu partido (eu era delegado desse partido). Esse senhor ficou enfurecido, e após meu candidato ser eleito, mudou completamente sua atitude para comigo, e alguns meses depois, rescindimos nosso contrato, por iniciativa dele.

Faltou-me experiência pra administrar a situação, pois acabei sendo arrogante nas colocações, quando poderia ter dito que eu respeitava sua escolha, e que era seu candidato um bom nome, mas que eu como membro do partido do meu, não poderia votar em outro.

Outra situação foi com relação a futebol. Numa palestra, uma advogada de um clube, que não o meu, fez uma colocação desairosa ao meu, sendo que seu clube é pequeno perto do que eu torço, sou sócio e fui até conselheiro (2018/2023). Isso foi em 2004, e eu disse publicamente que não discutiria com alguém que torcia para time pequeno. Eu errei feio! Além da indelicadeza, perdi talvez a chance de ter alguma parceria profissional com essa advogada, que desandou a falar o diabo de mim para as pessoas. E ela tinha toda a razão. Fui infeliz nesse episódio.

Agora um mais recente. Num jantar após um congresso no qual fui palestrante, disse a uma também palestrante que iria votar num candidato a presidente da República, ao qual ela nutria verdadeiro ódio. E esse ódio instantaneamente foi direcionado a mim, a ponto de essa pessoa ser extremamente grosseira. Não retruquei, mas mantive minha posição sobre votar no tal candidato. Meses depois, fui convidado para um evento na universidade onde essa professora lecionava. Ali chegando, fui questionado sobre em quem eu votaria para presidente da República. Só que essa universidade era reduto do candidato daquela professora. Eu disse que estava ainda escolhendo, e que não tinha nenhum candidato. Só que me disseram que sabiam que eu havia confessado meu voto naquele que eles simplesmente odiavam. Eu perguntei: "Foi a fulana quem disse isso?". E foi respondido afirmativamente. Eu sorri e disse que só brinquei com ela porque a mesma ficou muito enfurecida com o que eu tinha dito. E pedi que lhes transmitissem um fraternal beijo. O ambiente ficou sadio e todos foram muito amáveis comigo.

O inimigo tem de ser trazido para o nosso lado, e não fomentar seu sentimento ruim com relação a nós.

Claro que existem situações e ofensas, e até ultrajes, que não podem simplesmente ser deixados de lado, e teremos de nos afastar de pessoas que nos agridem injustamente.

CAPÍTULO 12
SENDO GENTIL MESMO NERVOSO

Todos nós passamos por momentos estressantes durante nossos contatos com as pessoas.

Quem nunca ficou irritado ao conversar por telefone com um atendente da empresa de cartão de crédito, ou com um do banco?

Esses atendentes que adoram gerúndios chegam mesmo a irritar, pois seguem um protocolo e não conseguem sair do mesmo. Concordo, é de tirar a paciência aquela frase: "Obrigado por esperar, desculpe pela demora.", ainda que não tenha ocorrido essa demora. Nesse caso específico, precisamos ter em mente que o atendente é empregado, e não dono da empresa. E mais. É um trabalhador que merece ser respeitado. E às vezes sua incompetência se deve a um mau preparo por parte da empresa.

Ora, nada justifica agredir alguém que está trabalhando, e que quer ajudá-lo, mas pode ser um problema mais difícil, ou, como afirmei, um despreparo do atendente. Bom, como agir? Recomendo que não ligue para a empresa se você estiver nervoso. Espere se acalmar; também não telefone se estiver com pressa, pois não terá como escapar do "para isso tecle 1, para aquilo 2 e para aquele outro 3". Essa fase já nos vai tirando do sério, e se já ligamos irritados ou com pressa, essa fase preliminar será o suficiente para piorar nosso estado de espírito.

Outra situação é quando nos deparamos com uma blitz da polícia e somos parados. Não somos marginais, e isso nos chateia, mas temos de pensar que o agente policial não sabe dessa nossa condição. E ele está fazendo seu trabalho. Nessas situações, ainda que estejamos atrasados para um compromisso, ficar irritado só trará problemas. Veja, o policial é uma autoridade. Logo, ele tem direito de nos parar e nos pedir nossos documentos. Por que se irritar? E pior é quando se trata de uma pessoa que se sente superior ao policial. Sou advogado, mas jamais usei a minha profissão para desmerecer alguém ou querer me mostrar superior, ou buscar um tratamento diferenciado nessas situações. Tenha calma e educação. Seja amável com o policial. Eu costumo dizer obrigado por ele, policial, estar trabalhando por nossa segurança, e sempre digo: "Fique com Deus".

Vou muito a estádios de futebol, e pela lei os policiais têm o direito de me revistar. Claro, não é algo agradável, mas sempre antes da revista cumprimento o policial, e às vezes até lhe dou a mão. Uma vez assim agi, e o policial me disse: "O professor sempre gentil". Ele tinha sido meu aluno. Imagine se eu fosse grosseiro com ele? A admiração que ele nutria por mim desde a faculdade teria sido perdida.

Outra situação que aconteceu recentemente comigo. Eu já era aposentado, mas não tinha 60 anos. Na cidade de São Paulo existe uma lei, de 1997, que dá aos aposentados o direito a pagar meia-entrada em cinema, shows e futebol. Pois bem. Comprei um ingresso para um cinema pela internet, a atendente não aceitou minha compra, dizendo que meia-entrada era somente para pessoas acima dos 60 anos. Foi a primeira vez que isso aconteceu comigo em cinco anos de aposentadoria. Argumentei sobre a existência da lei, mas a atendente foi ríspida diante de todos e disse que não me daria o ingresso. Eu poderia ter respondido que sou advogado e que ela era uma ignorante. Claro que não fiz isso. Pedi para chamar o gerente, e para esse gerente, inclusive, mostrei a lei. Ele disse que não conhecia aquela lei, mas diante da minha argumentação, me liberou. A atendente não gostou de eu ter saído "vitorioso" da situação, demonstrando sua irritação. Nem liguei, entrei no cinema e curti o filme.

Evidentemente que eu fiquei nervoso quando ela me barrou, e falando diante de outras pessoas da fila, mas iria adiantar eu ser grosseiro e ofendê-la? Não, isso iria criar um clima ruim e até estragaria meu passeio.

Enfim, quando identificar o nervosismo, a irritação e a impaciência, nada melhor do que o velho e sábio conselho de se contar até dez e acalmar-se antes de agir. E nada justifica deixar de ser gentil.

CAPÍTULO 13
GENTILEZA NO TRÂNSITO

Esta é uma das situações em que muitas pessoas se irritam com facilidade.

Todos já ouvimos histórias de brigas que terminam em morte em razão de discussões no trânsito. Portanto, vale a pena ser gentil no trânsito.

Vivo em São Paulo, uma cidade em cujas ruas e avenidas trafegam seis milhões de carros diariamente. Um trânsito de uma intensidade muito grande. Por isso, há que se ter paciência para dirigir em São Paulo e noutras capitais ou cidades com muitos carros, sobretudo nos horários de maior intensidade de veículos nas ruas.

Primeiramente, você deve buscar algo que lhe deixe calmo, como ouvir música, um CD ou *pen drive* de áudio livro, levar frutas ou biscoitos, para saboreá-los se estiver parado num congestionamento. Algumas pessoas se maquiam, outras até cortam a barba com aparelhos elétricos, tudo para aproveitar o tempo parado no trânsito.

Em segundo lugar, é manter-se calmo, e praticar a gentileza. Vamos lá. Dê passagem aos carros, quando o motorista lhe pedir, dê prioridade ao pedestre, e não o xingue quando ele não obedecer o farol de pedestres, atravessando no vermelho.

Se você for xingado, não retruque, e algo básico, se você estiver errado, peça desculpas, ou abrindo a janela do carro e verbalizando, ou com um aceno de mão.

Ciclistas e motoqueiros são muito impacientes, eu sei, mas temos de entender que seus meios de transporte são frágeis, e numa colisão com um automóvel eles serão sempre mais prejudicados e propensos a se machucar. Logo, devemos entender isso, e quando nos agredirem, geralmente o fazem com gestos, não retruquemos.

Já perdi a paciência no trânsito, mas em pouquíssimas vezes, e adoto sempre uma atitude cortês, como afirmei, pedindo desculpas quando estou errado, aceitando as desculpas dos outros ou nem me incomodando se fazem algo errado, como uma "fechada" ou uma troca de pista sem fazer a devida sinalização.

Sempre é bom recordar que muitas brigas no trânsito já resultaram em agressões e até mortes. Por isso, recomendo gentileza também no trânsito.

CAPÍTULO 14

SEJA UM BOM OUVINTE

Vivemos num mundo onde não se tem tempo para nada. Todos são impacientes, ninguém dá atenção às pessoas quando elas estão falando. Em casa, os pais falam e os filhos não escutam. Na escola, o mesmo ocorre na relação aluno/professor. Nos cursos superiores e nas pós-graduações, onde não se proíbe o uso de telefones celulares, os professores têm de ser espetaculares para manter a atenção dos estudantes.

Nos caixas de padarias e comércios em geral, a pessoa está pagando e o atendente está conversando com o colega do lado. Nem vê quem está atendendo.

Essa realidade no contato humano é piorada quando a falta de atenção se dá no contato direto, pois está sendo muito comum as pessoas relatarem algo a alguém, e esse alguém ou não presta atenção ou corta o assunto e introduz na conversa algo que lhe interessa, demonstrando total desrespeito pelo outro. Veja, se isso ocorre nas relações entre pessoas distantes afetivamente, o estrago não é tão grande, mas com pessoas próximas, cria ressentimentos e mágoas. Já vi casais se tratarem assim, e isso pode causar o fim de um relacionamento.

As pessoas gentis se dedicam às outras pessoas, lhes dão atenção; demonstram interesse no que os outros estão dizendo. Esquecem-se de si; se preocupam mais com as outras pessoas do que com elas mesmas, e em razão disso ganham o apreço de todos.

Todos devemos fazer esforços para ouvir o que o outro está nos dizendo. Uma técnica eficiente é fazer contato "olho no olho", pois isso afasta a distração.

Eu tinha um defeito, quando vinham falar comigo na minha sala de trabalho; se eu estivesse no computador, eu continuava digitando e escutando quem estava falando comigo. Aos poucos, deixei esse hábito ruim. Se estiver fazendo algo urgente que não possa ser interrompido, peço uns instantes, para terminar e, em seguida, dar atenção ao meu interlocutor.

Outro mau hábito é o de interromper o que a pessoa está lhe dizendo. Tive um colega professor do qual eu aos poucos fui me afastando, apesar de admirá-lo muito, pois era impossível lhe contar algo, pois o tempo todo ele interrompia a narrativa, bem como a de qualquer outra pessoa, colega professor ou aluno. Não se deve interromper quem está falando; segure suas perguntas ou os comentários que queira fazer para depois da narrativa de outrem, quando estiver terminada. Você demonstrará sua atenção, e evidentemente angariará a simpatia das pessoas.

Preste atenção na narrativa da pessoa, e utilize isso, se for possível, num segundo encontro ou oportunidade. Veja o que aconteceu recentemente comigo. Um cliente chegou ao meu escritório e falou de seu problema jurídico e de muitos assuntos particulares, principalmente de sua única netinha. Dias depois, ele me telefona para falar do seu caso e, no final da conversa, eu perguntei como estava sua neta, cujo nome inclusive eu guardei na memória. Esse senhor ficou numa alegria tremenda. Isso é gentileza. Se eu não tivesse prestado atenção na sua narrativa, não poderia ter sido gentil com ele.

Outra atitude importante, demonstre compaixão se a história for triste. Imagine se a pessoa lhe conta que está se divorciando e que está muito triste. Não comece a falar do seu time que está liderando o campeonato, mas diga algo como: "Poxa, que chato, eu realmente sinto muito, mas tenha fé, sei que isso é difícil, posso imaginar sua dor…".

Uma vez, há muitos anos, eu estava numa reunião num cliente, quando recebi um telefonema dando conta que uma tia, irmã de meu pai, tinha falecido. Como ela morava em Londrina, eu precisava ir para casa a fim de resolver como eu e meus pais faríamos para nos deslocarmos àquela cidade. Disse isso ao cliente, e esse cliente nem deu atenção e continuou a conversar sobre os temas da reunião. Sequer um "meus pêsames" ele falou. Nunca mais trabalhei com alegria com aquela pessoa, e o relacionamento profissional terminou pouco tempo depois.

O segredo está em dar atenção a todos, pois isso só nos fará bem, e seremos sempre reconhecidos como pessoas boas e teremos o respeito e o carinho de todos.

CAPÍTULO 15

ESTAR CERTO OU SER GENTIL?

Pronto, eis aqui uma pergunta chatinha de se responder. Nosso ego nos empurra a sempre termos razão, e não gostamos de perder uma discussão, não é mesmo? Mas até onde isso é importante?

Meu pai foi comerciante, dono de bares, restaurante e mercearia (precursora do supermercado). Cresci assistindo acaloradas discussões sobre futebol nesses comércios, sendo que em algumas vezes eu pensei que iriam terminar em brigas, mas nunca chegaram a esse ponto, felizmente.

Os desgastes com discussões necessitavam que as pessoas se encontrassem pessoalmente para tal intento. Logo, eram debates nos finais de dia, finais de semana, festas de família, enfim, em momentos específicos. Hoje a coisa é diferente. Com as redes sociais, as pessoas podem acordar discutindo e ir se deitar à noite também discutindo.

O futebol não é mais, com a graça de Deus, um assunto tão motivador para as discussões que vi e até mesmo participei no passado, a não ser entre os adolescentes e os ainda bem jovens. O mesmo, me parece, ocorre com discussões sobre religião. Hoje as pessoas respeitam mais a religião alheia, apesar da pouca paciência em dar atenção a alguém que esteja falando de uma religião que não aquela de quem escuta.

O grande motivo para discussões bem acaloradas é a política. Mais do que pessoalmente, pelas redes sociais e nos grupos de WhatsApp os debates esquentam. Existe um ódio, bem mais perceptível nas redes sociais e em grupos de WhatsApp do que pessoalmente. Aqueles que realmente são fanáticos e, eu diria, até fundamentalistas, chegam a fazer verdadeiros inimigos em razão dessas discussões, sendo que conheço casos que chegaram à Justiça em razão dessas mesmas discussões.

Para mim, essas discussões só demonstram que ninguém quer ficar com a penúltima palavra. Todos querem que a última postagem seja a sua, para ter a sensação do "eu ganhei".

É mais uma orientação do ego e a destilação do ódio por aquele ou aqueles que pensam diferente do que argumentos para convencer, mas sim para vencer (o debate).

Além dos próprios argumentos, são postados vídeos, memes e colocações de terceiros, tudo com o intuito de agredir, de ofender e mostrar que o outro está errado e "eu estou certo".

Será que vale a pena isso? Valerá a pena perder amizades ou brigas em família em razão dessas discussões e postagens? Creio sinceramente que não. E até oportunidades profissionais são perdidas em razão dessas atitudes.

Eu opto pelo silêncio. Já discuti, sim, por redes sociais, mas me arrependi de fazê-lo, e por isso hoje me controlo e não entro nessas discussões e não provoco ninguém. Chego até mesmo a omitir minha opinião sobre alguns assuntos, pois não quero ser ofendido e ter de responder a alguém que me escreva algo agressivo e deselegante.

Não creio que vencer uma argumentação nessas circunstâncias tenha algum valor. Prefiro ser taxado como alguém que fica em cima do muro, a ser tido como alguém grosseiro. Quero que as pessoas me vejam como alguém gentil, seja qual for a situação.

Termino este capítulo com um pensamento da escritora R. J. Palacio: "Quando tiver que escolher entre estar certo e ser gentil, escolha ser gentil". Esta frase é uma variante de outra que gosto muito, que é: "Prefiro ser feliz a ter razão". Ambas podem ser uma grande ajuda para se ter uma vida em paz, e não fazer inimigos por vontade do ego inflado.

CAPÍTULO 16

GENTILEZA NAS RELAÇÕES FAMILIARES

A gentileza deve ter início em casa. Sim, na convivência familiar também devemos ser gentis. Primeiramente, quero destacar que na família já se deve começar um trabalho de preparação das crianças para serem gentis. Ensinar a dizer obrigado, a respeitar os mais velhos, não interromper os adultos quando estão falando, dar lugar em cadeiras e poltronas aos mais velhos, pedir licença ao entrar ou sair de um ambiente ou da mesa de refeições, cumprimentar as pessoas, ainda que não as conheça, como, por exemplo, se entra num elevador, tratar os mais velhos por senhor/senhora e não de tio ou tia etc.

Eu fui educado conforme comentei, e só tive a ganhar com isso. Sou de uma época em que as professoras eram tratadas com esse pronome e não "tia", o que acho horrível, pois tia é a irmã do pai ou da mãe ou por afinidade, ou seja, os casados com os irmãos dos pais. Sei que você está me criticando, mas pense bem se isso é correto. Hoje os tios não recebem o mesmo tratamento respeitoso de outrora. Não vou nem falar que no passado se "tomava a benção" dos tios. Isso não teria lugar nos dias de hoje. Os tios muitas vezes são tratados pelo nome pelos sobrinhos. Isso mostra intimidade e um respeito (ou falta dele) diferentes. Logo, tratar a professora de tia ou o professor de tio dá um caráter de intimidade na relação que, na verdade, deveria ser de hierarquia. Certo. Você não deve educar seu filho assim, pois certamente ele seria discriminado entre os coleguinhas, mas deve ensiná-lo a respeitar a "tia", explicando que ela é a professora.

Sou professor há 36 anos (2022), e jamais tive qualquer discussão mais séria com aluno algum, e sempre fui muito respeitado, mas confesso que tive de deixar para lá muitas situações de grosserias e falta de gentileza ou de educação dos alunos. Como sei que eles não foram educados em casa quanto ao tratamento a ser dado aos professores, sempre relevei muita coisa. Veja, alunos entram e saem da sala de aula sem pedir licença. Conversam durante as aulas, veem os celulares, dentre outros péssimos hábitos.

Ensine seu filho ou filha aquilo que foi ensinado a você, ou seja, as atitudes que eu relacionei anteriormente. Ele só terá a ganhar no trato social e no decorrer da existência, abrindo-se portas em razão da gentileza para com as pessoas. Quero destacar outros pontos do relacionamento familiar.

Como mencionei atrás, quando falei das atitudes gentis dos homens para com as mulheres, de nada adianta ser cavalheiro se com as demais pessoas um homem não é gentil. E isso vale para os relacionamentos familiares. Se um homem abre a porta do carro para uma amiga ou namorada, deverá fazê-lo também quando se tratar de sua mãe ou de sua irmã. Se ceder lugar num ônibus ou num lugar público a um idoso, também assim deverá agir com seu avô ou sua avó.

Outra coisa interessante. Que vale ser gentil no trabalho, falando mansamente com as pessoas no escritório, se em casa grita com os pais? Se na rua trata todos com educação, não grita com as pessoas, por que gritar com os pais em público, ou mesmo estes com os filhos? Tratar os filhos dos outros com paciência e os próprios com grosseria?

Portanto, o segredo da gentileza em casa é tratar os familiares da mesma forma que se trata as demais pessoas. Se algum amigo está no seu carro e diz que está com dor de cabeça, você não diminuiria o som do rádio? E se fosse seu irmão? Entendeu?

CAPÍTULO 17
DEIXE O OUTRO BRILHAR

Todos nós sabemos de nosso potencial, de nossa inteligência e de nossa capacidade.

Fui apresentador de um programa de entrevistas que era veiculado pela TV Justiça, durante nove anos. Como eu queria me aperfeiçoar cada dia mais, eu assistia a muitos programas de entrevistas. Pude distinguir os entrevistadores que queriam ser mais importantes que o entrevistado e aqueles que faziam o entrevistado ser o astro da entrevista. Acabei me espelhando nesses últimos. Eu tentava passar despercebido para o público, fazendo tudo para que o entrevistado se sentisse realmente importante, e com isso eu conseguia extrair o seu melhor. Inúmeras foram as vezes que entrevistados me disseram que nem se deram conta de como o tempo da entrevista tinha passado rápido e de como se sentiram bem pela forma como os tratei e conduzi a entrevista. Com isso, muitos foram os convidados que chamei mais de uma vez, e esses convidados aceitaram prontamente. Eu recebia e-mails com elogios ao programa, mas a imensa maioria era sobre os entrevistados.

Com essa experiência, pude perceber como as pessoas se sentem felizes quando lhes damos o protagonismo nas situações, e em consequência nos tornamos mais simpáticos. Isso é gentileza!

É horrível conviver com pessoas que buscam roubar a cena sempre e em qualquer situação.

Já convivi com pessoas que não conseguem ficar quietas, tendo sempre que contar algo relacionado a um assunto que o outro está falando. Trabalhei com um advogado que era assim. Se alguém dissesse que tinha passado as férias em Paris, ele já dizia que também conhecia Paris e desandava a falar de suas idas à Cidade Luz. Se alguém falasse algo sobre o carro novo que comprou, ele interrompia para contar do seu carro, de como era econômico e assim por diante.

Indivíduos assim são simplesmente insuportáveis. É falta de gentileza agir dessa maneira; consequentemente, esses indivíduos afastam as pessoas e acabam perdendo oportunidades na vida.

Quantas vezes você já deixou de convidar alguém para uma festa, pois essa pessoa é desagradável? No rol das pessoas desagradáveis estão essas que não aceitam o brilho do outro.

Existem situações onde a pessoa se equivoca e fala algo errado. Uma dica legal é você não a corrigir, mas sim fazer uma pergunta.

Veja a diferença.

Se um palestrante diz durante sua exposição que a escravidão terminou no Brasil em 1887, você pode levantar a mão e dizer: "Foi em 1888". Isso é corrigir. Mas se você disser, em tom de pergunta, "não foi em 1888?", soa diferente. Percebeu? É mais sutil, pois demonstrou que quer ajudar e não corrigir.

CAPÍTULO 18
EMPATIA E GENTILEZA

Empatia é a qualidade que as pessoas têm de se colocar no lugar do outro, ajudando a compreender melhor o comportamento em determinadas circunstâncias e a forma como as outras pessoas tomam suas decisões.

Ser empático é ter afinidades, se identificar com outra pessoa, ou seja, ter pontos em comum. É ter a humildade de saber ouvir os outros, compreender os seus problemas e suas emoções.

A empatia é o contrário da antipatia, pois a antipatia identifica pontos de distanciamento entre as pessoas. Na antipatia, ocorre a aversão ao outro e não a aproximação. É o não querer estar próximo.

Empatia vem da palavra grega *empatheia*, que significa paixão, sentimento. Logo, a empatia está relacionada à afetividade, ao querer bem.

Por outro lado, empatia não é simpatia, como muitas vezes se confunde. Simpatia é uma aproximação do intelecto, enquanto a empatia é uma aproximação emotiva.

Vejamos.

Às vezes nos deparamos com uma pessoa simpática, mas não nos identificamos com ela, ou seja, não existiu empatia.

Gentileza não deve ser praticada somente quando temos empatia com alguém, mas as atitudes gentis podem despertar a empatia.

Uma forma de despertar a empatia do outro são nossas atitudes gentis. Ora, se alguém trata você com rispidez e até mesmo com grosseria, ou até demonstrando uma antipatia gratuita, tudo pode mudar com sua atitude e gestos de gentileza.

Portanto, quando perceber que alguém "não foi com sua cara", tente ser gentil com essa pessoa, e perceberá que ela mudará suas atitudes para com você. Mas cuidado, não é para exagerar.

Um simples exemplo. Uma vez eu estava na sala de imprensa do Grêmio, clube do Rio Grande do Sul, e eu fazia pequenas considerações ao assessor de imprensa do clube, e ele as respondia com muita rispidez, o que se demonstrava até pelo tom de voz. Bem, eu poderia parar de falar com ele e seguir com o que eu fora ali fazer, ou tentava mudar sua atitude.

Parei de fazer questionamentos, até que numa brecha eu lhe perguntei onde ficava a loja do clube, pois eu queria comprar uma camisa do Grêmio para dar a um sobrinho que, apesar de corintiano, gostava muito do tricolor dos pampas. Foi o que bastou para o tal assessor mudar sua atitude para comigo. Perguntou-me por que meu sobrinho, sendo torcedor de outro clube, tinha simpatia pelo Grêmio, e eu lhe disse que era pelo histórico de conquistas na raça do time porto-alegrense.

Eu poderia ter parado de falar com a pessoa e demonstrar que pouco me importava se ele tinha simpatizado ou não comigo, mas resolvi despertar empatia nesse rapaz. E deu certo.

CAPÍTULO 19

GENTILEZA NO AMBIENTE DE TRABALHO

Se existe um lugar onde a gentileza deveria ser obrigatória, esse lugar é o ambiente de trabalho. Ali permanecemos a maior parte de nosso dia, o que nos obriga a ter um excelente local de trabalho, pois do contrário teremos muita dificuldade em desenvolver nossas funções.

Hoje em dia, o ambiente corporativo assemelha-se muito aos ambientes políticos. Muitos sentimentos pequenos da alma humana podem aflorar no ambiente de trabalho, como a inveja e o ciúme.

Muitos gestores parecem que gostam de estimular a competição entre os trabalhadores, quando deveriam buscar que todos cooperassem entre si para um melhor desenvolvimento dos serviços.

Quando todos são tratados gentilmente, principalmente pelos superiores, o ambiente se torna mais leve e, consequentemente, o trabalho é mais bem desenvolvido.

Vivemos épocas difíceis nos ambientes de trabalho. Pela minha experiência de advogado trabalhista, já tive contato com muitos casos de assédio moral nas empresas.

Mas não é porque um chefe é grosseiro que todos os demais membros de uma equipe devem se tratar também dessa forma. Pelo contrário, se os subordinados se mostrarem gentis uns com os outros e até mesmo com esse chefe não gentil, o ambiente de trabalho já será melhor, e tenho convicção plena de que até o chefe será contagiado por essas atitudes.

A começar pela manhã, ao chegar à empresa ou ao escritório, dizer um bom dia com sorriso no rosto. Se existe o hábito de se tomar um café antes de pegar no batente, que tal convidar um ou mais colegas para fazerem isso juntos?

O mesmo na hora do almoço. Sair com os colegas para tentar conversar sobre assuntos não relacionados ao trabalho é o ideal.

Na segunda-feira, perguntar com verdadeiro interesse como foi o fim de semana dos colegas e contar um pouco do seu.

Se perceber um colega em dificuldade com algum serviço, ofereça-se para ajudá-lo.

Não se esqueça do "com licença", "por favor" e, o principal, o "muito obrigado".

No mais, tudo o que foi dito neste livro, como dar passagem no elevador, segurar uma porta aberta para que alguém passe, oferecer um café durante o expediente, são atitudes simples que poderão fazer seu ambiente de trabalho ficar mais agradável.

Não tenha sentimentos ruins. Demonstre verdadeiramente alegria pela promoção do colega. Sugira nessas situações que todos deveriam sair para comemorar num bar ou num restaurante.

Celebre a vitória com seus colegas quando você efetuar uma boa venda, se ganhou um processo, e divida essas conquistas dizendo que elas são de todos e não somente sua. Lembre-se dos aniversários dos colegas. Anote-os na sua agenda e lhes dê os parabéns logo que encontrá-los. Proponha aos demais colegas comprar juntos um presente, não precisa ser algo caro, mas que demonstre carinho. Ou então compre você sozinho. Um livro, por exemplo, não é muito caro, mas tenha certeza de que essas coisas mudam o ambiente, e lembre-se da empatia que tratamos atrás.

Eu sou advogado e viajo muito ao exterior, e sempre que fico vários dias fora, trago pequenos objetos de artesanato para os meus sócios, secretária, estagiário e demais pessoas que trabalham comigo. É um escritório pequeno, você não precisa trazer presentes para a empresa toda, mas aos colegas do seu setor.

E preste atenção. Profissionalmente, uma pessoa gentil costuma reunir outras características muito bem apreciadas no mercado de trabalho, como a capacidade de administrar conflitos, solucionar problemas, não se estourando com as pessoas, e tem facilidade de trabalhar em grupo.

Com certeza você já presenciou uma pessoa desequilibrada emocionalmente discutindo, seja no mercado, na rua, no estádio de futebol. É constrangedor. Agora imagine essa cena num ambiente de trabalho. Será que uma pessoa assim tem grandes possibilidades de ser promovida?

Mas e se os outros não agem assim? Ora, lembre-se, gentileza gera gentileza, e a gentileza é contagiante.

CAPÍTULO 20
SEJA GENTIL COM VOCÊ

Inicio este capítulo com um pensamento de Wilferd Peterson:

> "Seja gentil com você mesmo. Aprenda a se amar, a perdoar a si mesmo, pois só quando temos uma atitude correta com nós mesmos é que podemos ter a atitude correta com os outros."

Releia o pensamento, e reflita sobre tudo o que você já leu até aqui.

De nada adiantará você ser gentil com as outras pessoas e não ser com você. Sofrer, cobrar-se, não se autoperdoar. Se errarem com você e se lhe pedirem desculpas, e às vezes até não, e você perdoa, por que não o fazer consigo mesmo?

Ser gentil consigo mesmo muitas vezes é mais difícil do que sê-lo com os outros, sabia?

Precisamos ser primeiramente gentis e amáveis com nós mesmos antes de poder praticar a gentileza com os outros.

Hoje em dia, todos têm medo de parecer egoístas ou arrogantes, o que faz com que se busque ter atitudes que neguem essas afirmações.

As pessoas confundem ser egoístas com ser independentes; estarem bem-vestidas como forma apenas de se sentirem bem, e não como maneira de aparecer.

Ame-se, não tem nada de errado nisso. Aliás, a própria Bíblia determina isso. Quer ver?

> "Amarás ao teu próximo como a ti mesmo."
> **(Mateus 22:39)**

Essas foram palavras de Jesus, que demonstram que devemos nos amar para podermos amar ao próximo da mesma forma.

Permita-se ter paz. Creia, você tem de ser gentil consigo antes de tentar ser com as outras pessoas.

Claro que não serão as mesmas atitudes como abrir uma porta para você mesmo, dar-se um bom-dia, mas tratar-se bem. Aliás, quanto ao bom-dia, até você pode fazê-lo, mas diferentemente de uma simples frase, desejar-se um bom-dia logo ao despertar-se, mentalizando tudo de bom que quer que lhe aconteça nesse novo dia, nessa nova oportunidade de ser feliz.

Coma logo cedo e com prazer, não aquele café corrido, sem saboreá-lo. Frutas, biscoitos, café, leite, iogurte, enfim, inicie o dia mostrando seu amor por você.

Vista-se bem. Olhe-se no espelho e goste do que vê. Diga às pessoas que vivem com você que as ama e que pensará nelas durante o dia.

Tenha pensamentos positivos com relação aos problemas que terá de enfrentar durante o dia. Sim, terá de enfrentá-los, não estou dizendo para esquecê-los, pois todos nós temos, tivemos e teremos problemas durante a vida. Uns mais simples, outros nem tanto, mas a diferença estará na forma de enfrentá-los. Uma frase que gosto muito é: "A dor é inevitável, mas o sofrimento é opção".

Não se faça de vítima, ainda que a seja. Existem pessoas que você pergunta como vai, elas respondem: "Mal, obrigado".

Cante sua música preferida no carro enquanto se dirige ao trabalho ou à escola. Coma um doce legal, enfim, ame-se!

Seja você mesmo. Aceite-se com suas imperfeições, qualidades, erros e acertos, pois sinto informar, você não é perfeito, mas você é único, não existe no mundo ninguém igual a você, e tenha certeza, todos precisam de você, que poderá fazer a diferença na vida das pessoas, próximas ou não.

Você errou muito e ainda irá errar. Não se cobre sobre atitudes erradas do passado, pois certamente você não as adotaria se tivesse o pensamento que tem hoje.

Se a bebida alcoólica lhe faz mal, por que não a excluir da sua vida? O mesmo quanto ao cigarro ou outras drogas. Não consegue sozinho? Ok, busque ajuda, até mesmo profissional, se for o caso. Não se destrua, e lembre-se, você só poderá amar o seu semelhante amando-se primeiro.

Seja seu melhor amigo.

CAPÍTULO 21
GENTILEZA NOS NEGÓCIOS

A gentileza deve ser praticada em todos os campos de nossa vida. Já demonstrei que em várias situações eu me dei bem pelo simples fato de ter sido gentil.

Hoje em dia fala-se muito em *networking*, ou seja, ter uma boa rede de relacionamentos.

Um dito popular reflete o que hoje chamamos de *networking*, que é: "Quem não é visto não é lembrado". Mas você tem de ser lembrado por ser uma pessoa que querem vê-la. Não acredito no ditado: "Falem bem ou falem mal, mas falem de mim". Quero ser sempre lembrado pelas pessoas, mas falando bem e não mal de mim.

Aqui estou tratando de um *networking* onde as pessoas falam bem de mim, porque de nada adiantaria uma rede de pessoas que falam mal, pois isso não nos ajudará em nada.

Tenho certeza de que a gentileza leva todos nós a criar uma rede de contatos de pessoas boas.

Seja sempre gentil, circule nos ambientes que forem positivos para sua vida profissional, mas sempre praticando a gentileza.

Mostre-se cortês, amável, educado e gentil. Isso lhe trará grandes vantagens no mundo dos negócios.

Quando marcar uma reunião, esforce-se para chegar no horário; caso se atrase, não se desculpe, mas diga "fico muito grato por você ou vocês ter(em) me esperado". Isso é só um exemplo de mudança de atitude nos relacionamentos, pois esse seu discurso engrandece a pessoa que esperou, e muda a forma como ela tratará você durante a reunião.

A tradicional desculpa por chegar tarde fecha a conexão com os que chegaram no horário e ficaram aguardando, e você se desvaloriza, pois está pedindo perdão, e esse pedido é confissão de erro.

Outra atitude proativa se dá quando, sem lhe oferecer antes, servem café e você não bebe café. Agradeça, deixe-o na mesa e não o tome. Mas e se perguntarem por que você não o tomou? Não diga secamente que não toma café, fale: "Agradeço muito a gentileza, mas aprecio chá". Ou: "Está muito quente, tomaria um copo d'água".

Evite dizer palavras negativas ou de desculpas, essas palavras criam ambiente desfavorável. A recusa ao café não solicitado é tão deselegante quanto a pedir um café. Afinal, você não foi à reunião para tomar café.

O máximo que se pode pedir é água, pois a água é para satisfazer uma necessidade fisiológica, e ninguém se constrangerá, ao contrário do café, pois imagine que não tenha café no local da reunião...

Se desabafou com um amigo que escutou você pacientemente, nunca lhe peça desculpas por ter tomado seu tempo, mas agradeça pela paciência e generosidade em escutar.

Quando elogiarem você em público, não diga obrigado, mas "não mereço tal elogio", pois ainda que não o mereça, você desvaloriza a pessoa que o fez.

Participei de mais de três centenas de congressos e outros eventos, e muitos como palestrante. Quando fazem um elogio, não uso argumentos como o anterior ou um muito comum na vida acadêmica, que "esse elogio é devido à amizade que fulano e eu temos há tantos anos". Essas atitudes estão longe de demonstrar humildade, mas desmerecem quem elogiou ou convidou você para um evento.

Fora da vida acadêmica, agradecer por ter sido escolhido como padrinho de casamento e dizer: "Aceito, mas teriam pessoas melhores para você convidar". O mesmo vale para qualquer outra festa ou evento. Valorize os elogios e os convites.

Como fazer? Diga: "Agradeço suas palavras tão generosas, e esses elogios me motivam mais ainda a trilhar o caminho que venho percorrendo durante minha vida"; "Que honra ser padrinho de seu filho, recebo como um dos mais belos presentes que já ganhei na vida". E assim vai.

Imagine que você é o maior *expert* em determinado assunto ou trabalho. Pensarão em você para fazer esse trabalho, mas se você tiver histórico de falta de gentileza com as pessoas, seu nome será cortado da lista.

Por ser advogado na área trabalhista, mantenho contato direto com muitos departamentos de RH de empresas, e sei que hoje já não se fala mais apenas em inteligência emocional como complemento da capacidade profissional, as empresas buscam pessoas gentis no trato com os colegas da organização e com o público externo.

Felizmente, o mundo não aceita mais pessoas arrogantes, ensimesmadas e que não sabem ser gentis.

Garanto, as pessoas primeiro pensam nas outras pela forma com que tratam seus semelhantes e depois nas suas capacidades técnicas e profissionais.

Conheço médicos, dentistas e advogados muito bons, mas que não têm uma grande clientela, pois são pessoas difíceis no trato com seus pacientes e clientes.

E um conselho final. Se tiver de ajudar alguém de seu *networking*, faça-o, sem esperar nada em troca. Mas saiba que você será a pessoa que será lembrada quando surgir uma oportunidade na qual você se encaixe.

CAPÍTULO 22
GENTILEZA E SAÚDE

Não sou médico e nem psicólogo, mas trarei informações dessas áreas que colhi durante minhas pesquisas sobre o tema gentileza.

A ciência demonstra que tratar todas as pessoas com carinho, respeito e educação, dizer boas palavras a alguém, ou simplesmente ouvir pacientemente uma pessoa que precisa desabafar, pedir licença, agradecer, ceder o lugar num transporte coletivo a alguém para que se sente, ainda que não exista uma imposição legal, são algumas das atitudes que definem uma pessoa gentil, e que ajudam a tornar o mundo melhor, e fazem com que nossa saúde mental melhore.

A palavra deriva de *gentilis*, que significa pertencer à mesma família ou ao mesmo clã. Então, gentileza era como os membros de uma mesma família se tratavam, ou pelo menos era o que se esperava. Pesquisas efetuadas com o que ocorre com nossa saúde quando somos gentis apontam que a ansiedade, depressão, dores no corpo, problemas cardíacos e a longevidade têm reflexos diretos quando somos gentis. A ansiedade diminui muito a partir do momento que as pessoas que sofrem desse mal praticam atos de gentileza, pois a dopamina e a serotonina aumentam e acabam por afetar positivamente as pessoas, já que a ansiedade diminui.

Pessoas gentis têm menos propensão a ter problemas cardíacos, pois com a prática da gentileza, o organismo produz também oxitocina, e essa substância mantém a pressão arterial equilibrada, previne contra inflamações vasculares e protege o coração de maneira geral. Logo, pessoas gentis são verdadeiramente pessoas de bom coração, nos dois sentidos.

Uma pessoa que sofre de depressão se beneficiaria muito com a prática constante da gentileza, já que, ao se envolver com outras pessoas, foge do isolamento, do medo e do pânico, ou seja, por se relacionar com várias pessoas durante o dia, abrindo portas, dando lugares aos mais velhos, dizendo obrigado, convidando amigos para almoçar, ajudando alguém a carregar sacolas, enfim, sendo sinceramente gentil, vai afastando a depressão, porque após a prática de um ato gentil, esse gesto é seguido de um sorriso, acompanhado de um singelo obrigado.

Atrevo-me a afirmar que o simples ato de dar algum dinheiro a um pedinte ou comprar sanduíches e doar esse alimento às pessoas nos cruzamentos traz uma sensação de que o mundo precisa de você, e o medo, a depressão e o pânico se afastam. Entretanto, atenção, não estou afirmando que a gentileza supre o tratamento medicamentoso, mas é um grande auxiliar desse tratamento.

Um outro estudo de uma universidade americana concluiu que pessoas com dores em articulações, após serem estimuladas a praticar atos gentis, tiveram reduzidas sensivelmente as dores, pois o organismo produz mais endorfina, um analgésico produzido pelo próprio corpo.

Outra pesquisa americana realizada na Universidade de Michigan (EUA) concluiu que quem presta serviço voluntário por prazer tende a viver cinco anos a mais do que as outras pessoas. Já um estudo da Universidade da Califórnia observou que pessoas que se dedicam a mais de um voluntariado têm 44% menos risco de morrer cedo. Isso tudo tem a ver com a produção dos hormônios que citamos.

Com isso, podemos concluir que a prática da gentileza é um santo remédio.

CAPÍTULO 23

GENTILEZA E A LEI DO RETORNO

Este é um tema um pouco delicado, pois envolve crenças religiosas, científicas e espirituais. Darei a minha opinião.

A Lei do Retorno, na minha visão de cristão católico, tem a mão de Deus, e não algo quântico, como alguns assim entendem, e eu respeito essa posição.

Para mim, Deus tudo vê e não aplaude jamais aqueles que fazem mal ao seu semelhante, e quando quem pratica um ato de maldade a alguém, pode esperar que a punição virá.

Outros entendem da mesma forma, mas afirmam que o universo recebe essa energia ruim, e o mal é retribuído por esse universo.

Não estou afirmando que Deus castiga como quem é cristão aprende logo cedo, mas simplesmente que não ficarão impunes os que praticam o mal.

A Bíblia nos ensina assim:

Deus "retribuirá a cada um conforme o seu procedimento". Ele dará vida eterna aos que, persistindo em fazer o bem, buscam glória, honra e imortalidade. Mas haverá ira e indignação para os que são egoístas, que rejeitam a verdade e seguem a injustiça. **(Romanos 2:6-8)**

Então, voltemos à gentileza.

Vimos durante os capítulos anteriores que a prática da gentileza atrai coisas boas por conta do, digamos, astral bom que ela atrai, e para os que entendem existir uma Lei do Retorno em razão da física quântica, seria a volta da gentileza por força dessa força invisível.

Fala-se, inclusive, em energia boa que volta em razão da prática da gentileza. Eu entendo que o que faz com que a gentileza seja retribuída tem uma razão no "astral bom" que simplesmente ela cria entre as pessoas; outra é Deus, que retribuirá de alguma forma a gentileza praticada.

Exemplifico: eu encontro na rua uma carteira com documentos e dinheiro dentro dela. Vejo que existe um cartão de visita com o endereço do dono da carteira. Eu ligo para o telefone que está ali, e trato de devolver a carteira com tudo que está nela.

Um dia eu perco minha carteira nas mesmas condições. Essa carteira será devolvida, e digo isso, pois já perdi minha carteira três vezes, e a reavi, pois as pessoas que a encontraram me ligaram e me devolveram.

Portanto, minha posição para esse tema é religiosa, porém, como disse anteriormente, respeito muito os que entendem que é um fenômeno quântico, mas para mim é a mão de Deus.

De um jeito ou de outro, fato é que a gentileza volta a quem a praticou.

Encontrei na internet este pensamento:

> Quando estamos na frequência da gentileza, a gente compreende que tudo o que mandamos para o universo em forma de energia retorna para nós. E isso vai muito além das nossas palavras e ações externas: vai do nosso estado de vibração interna. Não porque o universo tenha qualquer vibração de punição, longe disso, mas porque o funcionamento da energia é perfeito. Tudo o que vai, volta. Tudo o que está acima, está abaixo. É física quântica. **(Carolina Landgraf)**

Lindo, não? É o mesmo que eu penso, só que de outra forma.

Veja, se eu mudar um pouco a frase, eu digo o mesmo, só que de outra maneira:

Quando estamos na frequência da gentileza, Deus compreende tudo o que fazemos e retorna da mesma forma para nós.

Viu? É a mesma conclusão, mas com visões diferentes. Seja como for, a gentileza volta para nós, e isso eu posso garantir.

Pratique gentileza e ela será retribuída de alguma forma para você.

CAPÍTULO 24

SIM, VALE A PENA SER GENTIL

Após ler este trabalho, claro que você já sabia minha resposta à pergunta que constitui o título do livro.

Sim, vale a pena ser gentil. Vimos juntos o quanto faz bem para nós sermos gentis. A sensação gostosa de felicidade que essas atitudes que tomamos nos trazem. A leveza na alma, a sensação de que podemos fazer a diferença neste mundo.

Existem estudos que comprovam que ser gentil alivia a ansiedade e melhora o humor, já que, ao realizar um ato de gentileza, nosso cérebro libera oxitocina (hormônio do amor), e um neurotransmissor conhecido como dopamina.

A oxitocina tem um efeito positivo comprovado sobre o coração, pois dilata os vasos sanguíneos, diminuindo assim a pressão arterial. E tem também a alegria de ver o outro a quem fomos gentis com um sorriso no rosto, nos prestando um gesto de agradecimento, e o mais bacana, sentir que deixamos por um instante nosso semelhante satisfeito. E, como demonstrei, até as relações sociais e afetivas se tornam mais saudáveis. Portas se abrem para aqueles que são gentis. E são portas que ficam abertas durante toda a vida. Minha mãe me ensinou que "neste mundo até as pedras se encontram". Portanto, você é quem escolhe se, no futuro, quando se encontrar com alguém com o qual teve qualquer contato no passado, se você será festivamente saudado ou será tratado com indiferença. Por isso, trate sempre todos com gentileza.

E o mesmo se diga quanto aos relacionamentos profissionais. Ser gentil e atencioso com clientes, pacientes e fregueses, você os manterá e eles indicarão você a outras pessoas. Não basta ser bom profissional, tem de ser gentil, pois já vi muitos profissionais altamente capacitados que não desenvolvem uma boa carreira, pois lhes falta esse componente.

Aliás, quanto melhor for na sua profissão, mais humilde e gentil deverá ser. As pessoas simplesmente se encantam com a humildade. No mundo corporativo, também deve-se ter atitudes gentis com todos, não só com os superiores e colegas, mas com os demais trabalhadores da empresa, principalmente com os mais humildes, aqueles trabalhadores "invisíveis", que a maioria não vê, como faxineiros, copeiros, garagistas etc.

A FORBES certa feita trouxe esta afirmação numa de suas edições: "As pessoas costumam trabalhar melhor quando estão rodeadas por colegas com quem possuem um bom relacionamento. Uma prova disso é que agora, mais do que nunca, as empresas estão levando em consideração a capacidade de socialização de um indivíduo antes de contratar um novo funcionário. Pois profissionais gentis se dão melhor com os membros de sua equipe e geram melhores resultados finais para a empresa, que produz melhor quando seus funcionários trabalham com dedicação e bom humor".

Portanto, pratique a gentileza o tempo todo, do despertar até deitar-se à noite. Em casa com a família, na saída de casa com os vizinhos, na rua com os demais motoristas, com as pessoas no transporte coletivo, na empresa, no escritório, na faculdade, na academia, enfim, em todos os locais por onde você passar durante o dia.

Espero que eu possa ter ajudado você nessa caminhada, e agradeço sua gentileza em ler este meu livro.